# ÉLOGE
## DE
# ROMAINVILLE.

*Artifex ejusmodi, ut solus videatur dignus esse, qui in scenâ spectetur : tum, vir ejusmodi, ut solus dignus videatur, qui eò non accedat.*

CICERON.

A LONDRES.

1785.

# ÉLOGE
## DE
# ROMAINVILLE.

LES grands talens ſont rarement appréciés par le ſiècle qui les a vu naître, & qu'ils ont illuſtré. L'envie & la médiocrité, qu'ils écraſent, les condamnent à végéter obſcurément & loin de leur véritable ſphère. Ils ne ſont mis à leur place, que lorſqu'ils n'exiſtent plus : c'eſt à la poſtérité ſeule, qu'il appartient de les venger de l'injuſtice de leurs contemporains, & des trames odieuſes de leurs détracteurs.

Cette fatalité, attachée à tous les hommes

ſupérieurs, pourſuit ſur-tout ceux qui courent la carrière du théâtre, ſiége & trône des cabales, arène où elles peuvent impunément faire jouer leurs manœuvres, briller leurs armes, & entendre leurs ſifflets. Paris a vu, cent fois, ces ſpectacles ſcandaleux, où l'artiſte ſupérieur & modeſte, mais fier du ſentiment de ſes forces, indignement immolé aux baſſes intrigues de ſes concurrens, pour n'avoir pu s'abaiſſer, comme eux, à quêter l'appui des prôneurs, a été forcé de chercher dans la Province des juges plus équitables que ceux de cette Capitale ſi vantée, & de leur conſacrer l'hommage de ſes talens.

Tel fut le ſort des *Prin*, des *Drouin*, des *Froment*, des *Dufreſny*, des *Aufreſne*, des plus grands comédiens; tel fut celui de ROMAINVILLE. Il n'eut pas, à la vérité, à combattre, comme eux, des légions entières de cabaleurs. Ses débuts ſur le théâtre de Paris furent, au contraire, très-brillans (1); mais, leur éclatant ſuccès n'ayant pas empêché ſes rivaux de l'exclure de la place qui lui était due, il n'en fut que plus fondé à ſe plaindre de leur injuſtice & de celle du Public, qui avait le droit de lui en faire raiſon. Il renonça, pour jamais, à lutter, devant un ſi faible juge, contre les vaines prétentions, ou plutôt contre le vil manége de ses concurrens ; & vint faire l'un des plus beaux ornemens du premier théâtre de la Province, devenu le rival heureux de celui même de la Capitale, grace aux grands talens qui y brillaient alors, & dont il ne nous reste plus qu'un douloureux souvenir (2).

Le théâtre de Bordeaux n'était pas encore souillé de ces drames monstrueux, de ces plattes bouffonneries, de ces farces insipides, qui font depuis long-temps l'opprobre de celui de la Capitale, & excitent les plaintes amères de tous les hommes éclairés. Le goût du Public, maintenant corrompu par ces parades ridicules, par ces misérables rapsodies, au point de ne pouvoir plus goûter les sublimes productions des *Corneille*, des *Racine*, des *Voltaire*, des *Moliere*, &c. était alors constamment entretenu & épuré par les représentations fréquentes des chefs-d'œuvres de ces grands maîtres, qui avaient encore des acteurs & des spectateurs. Les uns formaient les autres ; & tous concouraient, à l'envi, par l'aiguillon puissant de l'émulation, & par celui de l'encouragement, à maintenir l'honneur du théâtre français, & la tradition de l'art.

Nos Comédiens, justement enorgueillis des suffrages d'un Public éclairé, dont le goût &

la raison étaient sans cesse exercés par la représentation des plus belles productions de l'esprit humain, allaient affronter sans crainte le mauvais goût des autres Provinces, celui même de la Capitale, prostitué depuis long-temps aux vils treteaux de la populace. Ils se consolaient aisément du refus de leurs applaudissemens, en voyant la médiocrité des talens qui les obtenaient. Tandis que ces talens mêmes, objet de l'idolâtrie de la Capitale & des autres Provinces, rôdaient prudemment autour de nos portes, & n'osaient, malgré leur vaine célébrité, soutenir l'épreuve d'une concurrence dangereuse, avec des talens supérieurs qui les auraient éclipsés. Ils ne s'y sont hasardés, enfin, que dans l'absence, ou même après la mort de leurs rivaux, dans l'espoir que le Public n'en aurait plus conservé qu'un faible souvenir. Mais leur attente a été trompée. Notre théâtre n'en a pas moins été l'écueil, contre lequel est venue se briser la réputation usurpée de ces acteurs. Ils ont été placés, par les vrais juges, c'est-à-dire, par ce petit nombre de connaisseurs échappés au torrent du mauvais goût, aux yeux de qui le talent est tout, & le nom rien, qui ne jurent ni sur parole, ni sur autorité, hors celle de la raison, au rang honorable qui est dû aux talens rares, mais acquis à force de travail & d'étude, fruits de l'art, non de la nature ; & dépourvus de cet enthousiasme, de cette effervescence, de cette sublimité, de ce grand caractère, enfin, de vérité & d'illusion, qui distingue éminemment les grands talens, & les élève au plus haut période de gloire.

Parmi ces mortels privilégiés, ces premiers talens, brilla ce ROMAINVILLE, à la mémoire duquel nous osons consacrer quelques lignes d'éloge, dans un siècle où son langage est tellement profané, qu'il deviendra bientôt l'équivalent de la censure. Il faut supposer la réunion de tous les talens d'un Comique, pour avoir une idée juste de la perfection de ceux de ce grand Comédien. Ce n'était pas un acteur jouant ses rôles, d'après les données & les conventions ordinaires de l'art; c'était toujours le personnage lui-même, dans la plus grande illusion ( 3 ). ROMAINVILLE était l'acteur de la nature, comme *Moliere* en était le peintre, comme *Lafontaine* en etait le poëte, comme un être plus merveilleux encore, *Garat*, en est le chanteur : comparés à de tels prodiges, que ceux de l'art sont peu de chose !

Qu'il était grand, inconcevable, dans *Sosie*, *Jourdain*, *Sganarelle*, *Mascarille*, *Dandin*, *Pourceaugnac*, *Scapin*, *Menechme*, *Strabon*, *l'Olive*, *Frontin*, *Patelin*, *Dave*, *Turcaret*, *Pincé*, *Desmasures*, *les Crispins*, & tous les rôles, enfin, de son emploi de Comique, dans l'ancienne & bonne Comédie! Comme il éclipsait, par l'étonnante vérité de son jeu & de son débit, par ce naturel exquis & inimitable, les talens même les plus distingués! On ne voyait que lui, on n'écoutait que lui; même, quand il ne laissait parler que son silence, l'expression de son masque & de son jeu muet attirait tous les regards, captivait tous les sens : on eût dit, à voir un tel prestige, que sa présence dérobait au Public celle de ses interlocuteurs, & que la scène n'avait plus qu'un Comédien.

Dans la scène du *Festin de Pierre*, de *Moliere*, où *Elvire* s'efforce, par les discours les plus touchans, de ramener à la vertu l'impie *Dom Juan*, *Sganarelle* attendri par les exhortations édifiantes qu'il entend, ne peut retenir ses larmes & ses sanglots; *Dom Juan* se retourne, fixe par intervalles *Sganarelle*, qui, confus alors de sa faiblesse, & jaloux de se montrer digne valet d'un tel maître, reprend soudain sa sérénité,

& lui montre même un viſage riant. Cette métamorphoſe ſubite & réitérée exige le maſque d'un *Prothée* : c'était celui de ROMAINVILLE ; le triomphe de ſon jeu muet & de ſon talent. Il n'était pas moins admirable dans la ſcène de la Comédie du *Muet*, de *Brueys*, où *Frontin*, retenant la moitié de la bourſe qu'il devait remettre au *Muet*, & voyant ſa friponnerie découverte par les plaintes de celui-ci, qui reprend tout-à-coup l'uſage de la parole, doit peindre à-la-fois, par ſon jeu de viſage, ſon étonnement ſur ce prétendu prodige, ſa confuſion ſur le vol dont il s'eſt rendu coupable, & ſon effronterie, enfin, qui peut, ſeule, le tirer de ce mauvais pas. L'expreſſion parfaite de ce mêlange de ſenſations diverſes eſt plus difficile encore que celle de la ſcène de *Sganarelle*.

L'art n'y pourra jamais atteindre. Un tel prodige n'appartient qu'à la nature. C'eſt d'elle, que ROMAINVILLE avait reçu ce maſque unique & inimitable, cette gaieté franche & inépuiſable, cette manière ſimple, variée & comique, cette pantomime expreſſive & parlante, cette vérité profonde de jeu & de débit, ſeuls caractères du grand talent, de ce talent naturel, dont le talent acquis n'approcha jamais.

Le plus distingué qui ait encore paru, en ce dernier genre, celui de *Préville*, nous en a fréquemment offert la preuve, & principalement dans ces mêmes rôles de *Sganarelle* & de *Frontin*. Moins favorisé de la nature que ROMAINVILLE, ayant reçu d'elle un masque ingrat & uniforme, il appellait l'art à son secours ; &, ne pouvant donner aucune expression à son jeu de visage, à son jeu muet, dans ces deux scènes importantes, où le Public l'attendait impatiemment, pour le comparer avec son heureux rival, il esquivait finement la difficulté : dans la première, tantôt en tournant le visage vers la coulisse, tantôt le dos au spectateur ; &, dans la seconde, en se couvrant le visage de ses mains.

L'adresse de cet acteur n'était pas moins louable, en son genre, que celle de ce peintre fameux de l'antiquité, *Timanthe*, qui, dans un tableau du sacrifice d'*Iphigénie*, ne pouvant pas caractériser sur le visage d'*Agamemnon* l'expression de la douleur profonde d'un père plein de tendresse pour sa fille, & de piété pour ses dieux, le représenta, ingénieusement, le visage couvert de son manteau. Cette idée, vraiment heureuse, ne pouvait éclore que dans la tête d'un homme de génie & d'un grand talent ; mais celui de

*Rubens* me paraît, je l'avoue, bien plus grand encore, & bien plus digne d'admiration, dans le tableau de l'accouchement de la reine *Médicis*, où ce moderne *Apelle* a su peindre, tout-à-la-fois, sur le visage de cette auguste Princesse, & les douleurs aiguës de l'enfantement, & la joie pure de se voir mère, après une longue stérilité : si le talent de *Préville* rappellait celui de *Timanthe*, le talent de ROMAINVILLE rappellait celui de *Rubens*.

De tels rapprochemens, fondés sur des faits incontestables, attestent la supériorité de ce grand Comédien, avec plus d'évidence, que les raisonnemens les plus étendus ; ils font taire les préjugés populaires, les préventions locales, les décisions tranchantes, enfin, des juges intéressés, ou de prétendus connaisseurs. A leurs petits arrêts opposons-en de plus respectables, qu'ils ne récuseront pas, & dont nous garantissons, comme témoins oculaires, la publique authenticité : ce sont les jugemens portés sur le talent de ROMAINVILLE, par deux acteurs célèbres, de la Capitale, auxquels on ne contestera ni les titres, ni les lumières nécessaires pour l'apprécier.

*Le Kain* assistait à une représentation du *Bourgeois Gentilhomme*, où ROMAINVILLE jouait le rôle de *Jourdain*. Placé à l'amphithéâtre de l'ancienne ſalle de ſpectacles, de Bordeaux, il partageait l'illuſion complète & la gaieté bruyante des ſpectateurs. Il applaudiſſait, comme eux, autant que l'excès du plaiſir & ſes éclats de rire lui laiſſaient de forces, & lui permettaient l'uſage de ſes mains. « Hé bien, *monſieur le Kain*, » comment trouvez-vous notre ROMAINVILLE, » pour un acteur de Province, » lui demanda alors un de ſes voiſins ? « Que dites-vous, » monſieur, pour un acteur de Province, » répondit hautement *le Kain ?* « Sachez que, ſi » *Moliere* le voyait, il s'élancerait ſur le théâtre » pour l'embraſſer : c'eſt ſon plus grand acteur ! » Et il continua de mêler ſes tranſports & ſes éclats de gaieté, à ceux du Public ; applaudiſſemens les moins ſuſpects, & les plus honorables pour le talent d'un vrai Comique.

*Bellecour* ne fut pas moins juſte appréciateur de celui de ROMAINVILLE. Après avoir joué le rôle de *Dom Juan*, dans le *Feſtin de Pierre*, & y avoir été ſecondé par ROMAINVILLE, il reparut dans la même pièce, avec un autre valet, *Grand-Meſnil*, excellent acteur, & qui le doublait ſur notre théâtre. « Comment avez- » vous trouvé vos deux *Sganarelles*, & quelle

» différence en faites-vous, » lui demanda un amateur? « La comparaison n'est pas fesable, répondit *Bellecour* ; « ROMAINVILLE est le plus » grand comique du théâtre. — Eh! que dites-» vous donc de *Préville?* — Je n'en puis rien » dire, il est mon intime ami; mais je vous » répète que ROMAINVILLE est, à mon avis, » le premier comique du théâtre (4). »

En citant ces anecdotes honorables pour la mémoire de ROMAINVILLE, nous sommes bien éloignés de les présenter, ni de les regarder comme des autorités. Celle de la raison est, à nos yeux, la seule imposante, la seule respectable. C'est-là le seul maître sur la parole duquel il soit permis de jurer. Sur celle de tout autre, nous suivons la maxime de *Juvenal* : *Nolite jurare in verba magistri* ; & nous croyons partager cette sage indépendance avec tous nos lecteurs.

Nous leur fesons connaître ces opinions particulières, sans y attacher aucune importance, uniquement parce qu'elles s'accordent avec l'opinion publique, seul juge des renommées, qui ait le droit de prévenir les arrêts de la postérité. C'est à elle qu'il appartient de fixer le rang de ROMAINVILLE. S'il n'occupa pas celui de premier Comique, fur le théâtre de Paris, qui s'eft arrogé le titre de théâtre de la nation, comme fi la nation était concentrée dans le théâtre de fa Capitale, c'eft une injuftice criante, à joindre à la lifte nombreufe de celles qu'elle s'eft pemifes, de tous les temps. La fupériorité de fes talens n'en fut pas moins reconnue de fes rivaux, même du plus diftingué d'entr'eux, *Préville*, qui, obtenant de fréquens congés pour tous les théâtres de la Province, n'en demanda jamais pour le nôtre, du vivant de ROMAINVILLE, & n'y vint faire juger fes talens, que quelques années après la mort de ce dangereux rival, dont il ne fit que couronner le triomphe.

Il eft vrai que, comme *Semiramis*, « *Préville* » n'était plus que l'ombre de lui-même. » Sa vieilleffe avait altéré fa gaieté; fa tournure n'était plus auffi déliée, ni auffi comique, fon organe auffi net, ni auffi fouple, fon mafque auffi fin, ni auffi varié, qu'ils devaient l'être dans un âge moins avancé. Il le fentait fi bien lui-même; qu'il avait, dès long-temps, renoncé, dans la Capitale, aux rôles de fon premier emploi de comique, & qu'il y avait fubftitué les rôles à manteau, plus analogues à l'affaibliffement de fes moyens. Mais, en rendant cette juftice à la vérité, nous ne laissons pas moins subsister dans toute sa force l'objection qu'on lui a faite, de ne nous avoir donné les restes de son talent, & de n'être venu si tard à Bordeaux, que pour n'y pas rencontrer un rival dont il redoutoit la concurrence. Il est moralement impossible de donner à sa conduite une explication plus raisonnable ; à moins de prétendre que cet acteur regardât le premier théâtre de la Province comme trop borné pour sa gloire, lorsqu'il ne croyait pas la prostituer sur des théâtres très-inférieurs, & où il ne pouvait trouver ni des juges, ni des concurrens.

Voilà le plus beau trait, sans doute, de l'Éloge de ROMAINVILLE, la preuve la plus frappante du cas que *Préville* en fesait lui-même, & de l'hommage qu'il a rendu à sa supériorité. De tels faits doivent, pour jamais, fermer la bouche à ces enthousiastes fanatiques des talens de la Capitale, qui se croient obligés d'être, pour l'honneur national, les détracteurs de ceux de la Province, & pensent les déprimer par de frivoles objections.

» Ce grand ROMAINVILLE, disent-ils bonnement, » n'a cependant pas été reçu aux » Français, malgré le succès brillant de ses

» débuts? Il n'a jamais triomphé qu'à Bordeaux, » où, à la vérité, il a paſſé la plus grande partie » de ſa carrière théâtrale ? Avant & après les » beaux jours de ſon talent, qu'il y a conſacrés, » il n'a été applaudi ni à Caën, ni à Verſailles, » & autres Villes de cette claſſe ? Les ſuffrages » dont les Bordelais le comblèrent pendant vingt- » cinq ans, n'étaient-ils pas un tribut payé à » l'habitude, plutôt qu'à la ſupériorité de ſes » talens ? »

Puiſſans raiſonnemens! Il faut répondre, une fois pour toutes, à vos étranges queſtions. Permettez-moi de vous en faire, à mon tour, & pour l'apologie de ROMAINVILLE, & pour celle de mes concitoyens.

N'avez-vous pas vu les plus grands talens expoſés, de tout temps, comme les ſiens, à l'injuſtice du Public, dans la Capitale, à toutes les intrigues, à toutes les cabales de l'envie & de la médiocrité, prêtes à écarter tout ce qui leur fait ombrage (5)? Ne vous a-t-on pas déjà prouvé, par une infinité d'exemples, que de telles cauſes d'excluſion du théâtre de Paris ſont infiniment honorables aux ſujets qui y donnent lieu par leur ſupériorité, & que telle a été la deſtinée de ROMAINVILLE? Ignorez-vous que le talent,

talent, en tout genre, n'a qu'un âge pour jouir de son triomphe ? Celui de ROMAINVILLE a été d'une longue durée ; mais pouvait-il être éternel? Vingt-cinq ans qu'il a passés à Bordeaux, forment près de la moitié de sa carrière. Très-jeune, quand il jouait sur les théâtres de Strasbourg, de Caën, &c. il ne fesait qu'y essayer ses forces ; &, parvenu à son déclin, lorsqu'il jouait sur celui de Versailles, il commençait à les perdre, & à toucher au terme de son talent. D'ailleurs, l'état déplorable où était alors tombé le théâtre Français, dans la Capitale même, ne devait-il pas nécessairement influer sur les théâtres des Villes voisines? Ignorez-vous que les Comédiens Français, de Paris, avaient oublié jusqu'au théâtre de leur créateur, du divin *Moliere ?* qu'ils l'avaient également fait oublier au Public, & que, pour leur honneur & celui de la nation, il fallut une délibération de leurs Administrateurs (6), pour obliger ces grands acteurs à relire leur *Moliere*, & à le jouer, une fois par semaine, de leur mieux, afin de ramener les amateurs de leur brillant spectacle à la bonne comédie ? Ignorez-vous aussi que, lorsque ce même ROMAINVILLE, que vous frondez si légérement, arriva à Versailles, vers le temps même de cette délibération, il ne lui fut pas possible de faire ses débuts dans le théâtre de *Moliere*, qu'il n'avait pas oublié, car il le jouait deux fois par semaine à Bordeaux, depuis vingt ans; mais que, la troupe de Versailles ne s'en souvenant pas mieux que celle de Paris, il fut réduit à prostituer son talent, jusqu'au misérable jargon des comédies de *Marivaux* & de ses imitateurs (7)? Un pareil théâtre était-il celui d'un si grand Comédien? Ne lui fallait-il pas, & d'autres interlocuteurs, & d'autres spectateurs? Aussi ne manqua-t-il pas, malgré les dégoûts que lui avaient fait essuyer, à Bordeaux, des Directeurs avides & ingrats, mais que leur intérêt ne tarda pas à rendre plus justes & plus généreux à son égard, de se rendre bientôt à leurs vœux, & à ceux d'un Public dont il n'avait jamais eu à se plaindre.

Vous demandez encore si les suffrages de ce Public n'étaient pas un tribut payé à l'habitude, plutôt qu'à la supériorité des talens de ce Comédien! Et où avez-vous vu les talens médiocres obtenir ce grand hommage de l'habitude, ou résister à son redoutable ascendant? Sachez que cette double épreuve caractérise seule les grands talens; puisque ceux mêmes de quelques idoles de la Capitale n'ont jamais pu la subir. Sachez que des acteurs célèbres ont été contraints d'employer toutes les ressources du manége le plus grossier, pour se soustraire à ce pouvoir suprême de l'habitude, conserver leur réputation, captiver la durée des suffrages de leurs juges ordinaires, & ne pas les excéder de l'ennui de la satiété, inséparable, d'un talent, même très-distingué : sachez qu'ils avaient grand soin de paraître, le plus rarement possible, sur le théâtre de Paris; de s'y faire précéder par des doublures détestables, qui leur servaient d'ombres, en écartant celles qui auraient pu les éclipser (8); de demander, par surabondance de précaution, des congés fréquens pour la Province, sous le ridicule & faux prétexte du dérangement de leur santé, qui ne leur permettait de jouer, à Paris, qu'une fois par mois, & ne les empêchait cependant pas de jouer, en Province, presque tous les jours : qu'à leur retour dans la Capitale, ils alléguaient bientôt les mêmes prétextes, dont le Public avait la simplicité de se payer; & que ce n'était qu'à la faveur d'un tel manége, qu'ils se perpétuaient dans leurs places, & en écartaient des rivaux qui en auraient été infiniment plus dignes.

L'hypothèse des Comédiens de Province était bien différente. Obligés alors de jouer presque tous les jours, à défaut de ces doublures si commodes & si favorables aux acteurs de Paris, ayant pour spectateur un Public dont le goût était aussi sain qu'exercé, il leur fallait, sans doute, un talent bien supérieur, bien éminent, pour enchaîner la durée de ses suffrages, & lui sauver l'ennui de la satiété, qui semblait inséparable du retour continuel des mêmes représentations, & du jeu des mêmes acteurs ! Aussi le plus grand éloge qu'aient mérité quelques-uns d'entr'eux, tels que *Aufresne*, *Dufresny*, *Belmont*, ROMAINVILLE, &c. c'est précisément d'avoir obtenu ces suffrages éclatans d'habitude, dont leurs détracteurs cherchent, au contraire, à faire un moyen de censure contre ces grands comédiens. Leur perte a été irréparable pour notre théâtre. La Tragédie & la Comédie tombées, après eux, ne se releveront jamais dans l'état de splendeur où ils avaient su les faire parvenir : d'autant plus que la tradition de leur art semble entièrement perdue, & ignorée des comédiens mêmes de la Capitale, qui devraient en être les dépositaires.

Loin de marcher sur les traces des grands modèles, ils n'offrent plus qu'une imitation servile de quelques novateurs : d'où résulte la confusion de tous les tons, la violation de toutes les convenances & de toutes les règles de l'art de la Déclamation Théâtrale. Le langage auguste de *Melpomène*, déchu de sa dignité, est devenu aussi familier que celui de *Thalie*; les vers pompeux de nos grands tragiques sont débités avec la même volubilité & le même accent, que la prose emphatique de nos lugubres drames; sans noblesse, sans chaleur, sans effervescence, sans enthousiasme; avec de la tête, & point d'entrailles, avec de l'esprit, & point d'ame; mettant le raisonnement à la place de la sensibilité, la sensibilité à la place de la passion: tel est le caractère des modernes successeurs des *Baron*, des *Lecouvreur*, des *Froment*, des *Prin*, des *Clairon*, des *Dumesnil*, des *Aufresne*, &c. tel est l'état actuel de notre théâtre tragique!

Celui de *Thalie* n'est pas moins déplorable! A ce naturel exquis, à cette gaieté franche, à ce masque heureux & varié, à cette manière simple, aisée & comique, à cette expression de jeu muet, à cette vérité de débit, à cette illusion complète, à ce talent naturel, enfin, que l'art embellissait, sans se montrer, & qui distinguait éminemment les *Poisson*, les *Armand*, les *Drouin*, les *Dufresne*, les *Grandval*, les *Bellecour*, les *Dangeville*, les ROMAINVILLE, &c. leurs successeurs ont substitué une diction recherchée & à prétention, qui caractérise plus le lecteur que l'acteur, le récit que le débit; un jeu où la finesse exclut le naturel; une manière apprêtée & uniforme; une pantomime compassée & dessinée à la glace, pour me servir du mot propre; tout ce qui tient, enfin, au talent acquis, au travail, à l'étude, à l'art. Delà, dans la Comédie, comme dans la Tragédie, plus d'intérêt, plus de plaisir, plus d'illusion pour le spectateur, qui, voyant toujours l'acteur, & jamais le personnage, l'admire ou lui applaudit machinalement & sur parole; mais assiste à l'une sans rire, & à l'autre sans pleurer (9).

Faut-il s'étonner que de tels comédiens aient fait déserter leur spectacle? c'est à eux seuls qu'il faut s'en prendre du mépris où il est tombé. La nation conserve toujours un goût de prédilection pour son théâtre, le premier de l'univers. Elle en donne fréquemment des preuves, sur-tout dans le temps des nouveaux débuts, qui est celui de la curiosité & de l'affluence des spectateurs. Toujours équitable, toujours indulgent, envers les sujets qui se dévouent à ses plaisirs, le Public vient, en foule, applaudir à leurs talens, ou encourager leurs efforts & leur zèle pour les progrès d'un Art dont il fait ses délices. Des censeurs intéressés osent cependant lui en reprocher la décadence ; ils osent l'accuser d'accueillir avec indifférence les chefs-d'œuvres immortels de nos grands maîtres, & de prostituer sa présence & ses suffrages, en les prodiguant à de misérables parades, aliment grossier de la plus vile populace. Ils ne voient pas, ou ne veulent pas voir, que la représentation de ces grands ouvrages exige nécessairement de grands talens ; & que celles de ces farces grossières de nos treteaux de places, admet au contraire la plus chétive médiocrité. Le Public montre un très-grand sens, en courant ( puisqu'enfin il lui faut des spectacles ) aux représentations aussi aisées que fastidieuses, des *Jeannot*, des *Pointus*, des *Le Rond*, des *Malbourough*, des *Figaro*, &c. ; plutôt que de voir impitoyablement estropier celles des *Tartuffe*, des *Cinna*, des *Iphigénie*, des *Rhadamiste*, & des *Mahomet*.

Les plaintes de ces censeurs sont donc aussi injustes qu'indiscrètes : c'est à la disette seule des talens qu'il faut attribuer la décadence de l'Art. Tant que les acteurs manqueront aux spectateurs, les spectateurs manqueront aux acteurs. Mais que ceux-ci se livrent à l'enthousiasme de leur état ! Que favorisés d'un physique & d'un moral heureux (dons précieux & indiſpenſables, que rien ne peut ſuppléer) ils tâchent, par une étude conſtante, par un travail aſſidu, en ſubordonnant toujours l'art à la nature, de parvenir, non à la chimère de la perfection, incompatible avec l'eſſence de l'homme, mais à la plus grande ſupériorité à laquelle elle puiſſe atteindre : alors, dignes de partager les lauriers des *Baron* & des *Garrick*, ils obtiendront les diſtinctions honorables que leur refuſe un préjugé légitime, mais que commande, en tous lieux, la prééminence du génie & des talens.

Bordeaux vient d'en donner, la première, l'exemple à la Nation, par l'hommage qu'elle vient de rendre à la gloire de ROMAINVILLE. Une ſociété de Citoyens de cette Ville, a fait placer, avec la permiſſion de ſes Magiſtrats, le portrait de ce grand Comédien, au Foyer des Acteurs de la ſalle de Spectacles, devenu public.

Ce monument glorieux encouragera ſans doute ſes ſucceſſeurs à marcher ſur ſes traces, & à ſe dévouer, à ſon exemple, aux plaiſirs d'un Public, qui ſait dignement apprécier & récompenſer les talens.

ROMAINVILLE a bien mérité cette diſtinction, ſur un théâtre, où il a conſtamment occupé le premier rang; & dans une ville, dont il a fait long-temps les délices. Ses citoyens ont donc acquitté leur dette, en fixant à jamais parmi eux les traits de ce moderne *Roſcius*, qui réuniſſait la plus grande probité aux plus grands talens, & à qui l'on pouvait ſi juſtement appliquer le bel éloge que *Ciceron* a fait de l'ancien: « Il était » ſi grand acteur, qu'il paraiſſait ſeul digne de » monter ſur le théâtre; & ſi honnête-homme, » qu'il paraiſſait ſeul digne de n'y monter jamais.»

Les amateurs de *Thalie* ne pourront jamais, ſans le plus vif intérêt, contempler un tableau, qui leur retracera les traits de ce charmant acteur, & leur rappellera le ſouvenir de la perfection de ſes talens. Il ne la devait qu'à la nature, qui ſembait avoir défendu à l'art d'y mêler ſes vains ornemens. Auſſi n'avait-il qu'à ſe montrer ſur la ſcène, pour exciter les éclats bruyans de la gaieté parmi les ſpectateurs, qui lui payaient le tribut de la nouveauté, après vingt ans encore d'aſſiduité habituelle à ſes repréſentations. Cet empire exercé par les grands talens, eſt, je le répète, la plus forte preuve de leur ſupériorité, ſur-tout dans les villes de Province, où les demi-talens n'ont pas, comme dans la Capitale, la reſſource vénale des cabales & des prôneurs.

Le zèle des citoyens empressés à ériger, au nom de leur patrie, ce monument simple, mais honorable à la mémoire de ROMAINVILLE, a été bien secondé par celui des Artistes chargés de son exécution. Ils y ont, à l'envi, fait briller leurs talens. Le tableau sur-tout a réuni tous les suffrages, & étendu la réputation de M. *Lacour*, Peintre distingué dans notre École naissante, & digne de l'être dans celle même de la Nation. La scène qu'il a choisie est celle où *Crispin-Médecin*, dans la Comédie de ce nom, après avoir joué le rôle d'un Pendu dans la maison de M. *Mirobolan*, l'oreille encore frappée des mots terribles de *bistouris* & autres instrumens de dissection, profite de l'instant où ce Médecin sort pour quelques minutes, s'assied sur la table où il était étendu, prêt à s'élancer, & regardant, avec un effroi vraiment comique, par quelle porte ou fenêtre il pourra se sauver. Ce monologue muet, le seul que le théâtre offrait à la peinture, & dans lequel le masque, le jeu de visage & la pantomime de ROMAINVILLE étaient également inimitables, a été parfaitement rendu dans ce portrait, qui a le mouvement d'un tableau d'histoire supérieurement composé. La ressemblance d'ailleurs est frappante ; & ce mérite eſt d'autant plus recommandable dans l'artiſte, que le portrait n'a pas été fait d'après nature, mais trois ans après la mort de ROMAINVILLE, & ſur une ébauche très-imparfaite, qui le repréſentait même dans une toute autre ſituation. (10)

Le cadre, décoré de trophées & autres ornemens allégoriques, ſculptés avec le plus grand ſoin, eſt peint en marbre de porphyre, & ſurmonté d'un fronton, au milieu duquel eſt placé le chiffre de ROMAINVILLE, avec une couronne & des guirlandes faites de feuilles de laurier & de lierre, ſymboles de l'immortalité, & entrelaſſées de grelots, emblème de la gaieté bruyante d'un comique : elles accompagnent cette inſcription, gravée ſur une table de marbre blanc, en lettres d'or :

Sans le ſecours de l'art, de ſa vaine parure,
Il fit briller *Thalie*, & goûter ſes bons-mots ;
Il reçut de *Momus* le maſque & les grelots :
La ſcène perd en lui l'acteur de la nature.

Sur le ſocle du cadre eſt placée une tablette du même marbre, avec cette inſcription gravée de même manière :

HOMMAGE RENDU PAR DES CITOYENS
A LA MÉMOIRE DE ROMAINVILLE.

Tel eſt l'hommage public qu'a obtenu ce grand comédien de la reconnaiſſance d'une ville qu'il a long-temps charmée par ſes talens. Il n'honore pas moins l'homme ſupérieur qui s'en eſt rendu digne, que les citoyens ſenſibles qui lui ont érigé ce monument de leur eſtime pour les arts. L'Étranger & le Voyageur y ont applaudi avec tranſport. Sa vue fera verſer des larmes amères de dépit & d'envie à tout comédien, ſans ame, comme ſans talent; & des larmes pures d'émulation & de reconnaiſſance, à celui qui, marchant ſur les traces d'un ſi grand modèle, méritera de recevoir un jour les mêmes honneurs.

Il nous eſt impoſſible de ſatisfaire à la curioſité de nos lecteurs ſur le perſonnel de ROMAINVILLE, ainſi que ſur les circonſtances analogues à ſon origine, à ſa naiſſance, à ſon éducation, à ſa vie privée. Le préjugé qui flétrit les comédiens, & les force de changer de nom, pour ne pas faire partager à leurs parens l'ignominie de leur état, répand autour d'eux une obſcurité impénétrable. Auſſi n'avons-nous pu acquérir, malgré toutes nos recherches, que des notions très-confuſes & très-bornées ſur tous ces objets. Nous ſavons uniquement, que ſon véritable nom était

*Louis Doné ;* qu'il était fils d'un Médecin de Verſailles ; que, d'après ſon intelligence, la culture de ſon eſprit, & l'intérêt de ſa converſation, il paraiſſait avoir fait de bonnes études, & reçu une excellente éducation. Il eut des paſſions violentes ; mais ſes mœurs ne furent pas moins irréprochables que ſes ſentimens. Eſtimé, chéri des citoyens d'une ville, où ſes talens & ſon mérite perſonnel l'avaient, pour ainſi dire, naturaliſé, il en reçut toujours l'accueil le plus honorable. La ſociété, où l'accompagnait ſa gaieté naturelle, & dont il doublait ainſi les plaiſirs, lui témoignait, à ſon tour, les égards les plus flatteurs. Elle prit le plus grand intérêt à ſa perte, & lui donnera long-temps de vifs regrets.

ROMAINVILLE mourut à Bordeaux, en 1781, à l'âge d'environ cinquante-cinq ans, victime de l'impétuoſité d'une paſſion malheureuſe, & qui domine ſur-tout les hommes à grands talens. Il laiſſa trois fils, ſans fortune, mais du moins avec une profeſſion honorable ; ayant fait de l'un un Peintre ; de l'autre, un Muſicien ; & du troiſième, un Laboureur. Ce dernier choix eſt peut-être celui qui honore le plus ſon jugement, & dont l'exemple aura, par cette raiſon même, le moins d'imitateurs. Il fut enſéveli avec la plus grande pompe ; & c'eſt ſans doute l'époque la plus remarquable de ſa deſtinée, qu'elle ait fait taire juſqu'à la voix impérieuſe du préjugé qui flétriſſait ſon état.

Reſpectons ce préjugé, & les motifs politiques & religieux qui le rendent légitime : il conſerve à l'État des citoyens précieux de tous les ordres, qui, ſans ce frein ſacré, embraſſeraient en foule une profeſſion attrayante par la liberté, la licence même qui y règne, par les jouiſſances multipliées qu'elle préſente à l'amour-propre, & à toutes les paſſions : il les empêche de conſacrer au théâtre des talens & une exiſtence que la ſociété réclame, & dont ils ne lui doivent pas moins le ſacrifice, que celui de leurs vertus. Je le répète encore, reſpectons ce préjugé : mais rendons grace à la philoſophie de notre ſiècle, d'avoir tempéré la rigueur ſuperſtitieuſe d'une loi, émanée des ſiècles même de barbarie. Et toi, divin *Moliere !* que tes manes ſe conſolent de l'outrage fait à ta cendre, en apprenant les honneurs funéraires rendus à celle de ton acteur !

FIN.

# NOTES ET PREUVES.

( NOTE 1ere. )

LES *Prin*, les *Aufresne*, les *Dufresny*, les *Froment*, les *Monrose*, &c., dans la Tragédie : les *Drouin*, les *Belmont*, les *Célignan*, les *Caprais*, les *Émilie*, les *Monval*, &c., dans la Comédie.

( NOTE 2e. )

Pendant quelques mois de séjour à Paris, il donna aux Français un très-grand nombre de représentations, toujours suivies avec la même affluence ; preuve non équivoque de l'éclat de ses succès.

( NOTE 3e. )

L'illusion était si complète pour le spectateur, qu'un grand seigneur, assistant à une de ses représentations sur le théâtre de Versailles, ne put s'empêcher de s'écrier : « Ce valet parle à son maître, comme le » mien me parle journellement : je crois l'entendre. » Quel éloge !

( NOTE 4e. )

Un acteur de la même troupe, d'un talent distingué,

( mais dont on taira le nom, par des raisons de ménagement qui lui sont personnelles ) se trouvant quelques jours après, avec d'autres personnes, chez *Bellecour*, lui fit la même question, & en reçut la même réponse.

## ( Note 5e. )

Sans parler des dégoûts qu'y ont essuyés les *Moliere*, les *Corneille*, les *Racine*, les *Voltaire*, les *Rameau*, &c.; sans rappeller ici la chute de leurs chefs-d'œuvres, trop humiliante pour leur siècle & la nation;

« Les exemples fameux ne nous manqueraient pas: »

contentons-nous d'en citer de plus récens. N'a-t-on pas vu, à Paris, le plus grand danseur de l'Europe, *Pitrot*, objet de l'admiration, & victime des cabales, forcé de priver sa patrie de ses talens, & de les faire briller dans les cours étrangères? N'y a-t-on pas vu le rival des *Pergoleze* & des *Hayden*, Beck, en bute aux mêmes persécutions, & indignement martyrisé dans l'exécution de son *Stabat*, dont la sublimité a été reconnue, même de ses plus acharnés détracteurs? N'y a-t-on pas vu les chefs-d'œuvres immortels de *Gluck*, prêts à éprouver plus d'une fois le même sort, sans la protection puissante & éclairée d'une grande Reine, qui a fait enfin triompher ce grand homme des clameurs & des manœuvres de l'envie?

S'il y a moins de lumières en Province, il y a aussi plus d'équité. On n'y voit, ni autant de bons, ni autant de mauvais juges; mais la nature y est mieux connue, & l'esprit de parti moins dominant. Aussi que d'écrivains d'écrivains & d'ouvrages éphémères ſont portés aux nues à Paris, & ſifflés en Province! Elle eſt le creuſet, & ſouvent l'écueil des réputations. C'eſt ce qui feſait ſans doute dire à *Voltaire*, dans un moment d'humeur : » Le génie eſt en Province ; on ne ſait faire à Paris » que des Opéra-comiques. »

( NOTE 6e. )

MM. DE RICHELIEU, DE DURAS, D'AUMONT, & DE SAINT-AIGNAN, premiers Gentilshommes de la Chambre du Roi. Cette délibération les couvrit de gloire, & retarda la ruine du Théâtre Français. Les vrais citoyens leur en doivent une éternelle reconnoiſſance. « Que les temps ſont changés ! » Jadis nos grands ſeigneurs ne ſavaient pas lire, & ſe feſaient honneur de leur ignorance. De nos jours, ils ſont les défenſeurs des lettres, comme ceux de la nation ; & rempliſſent auſſi dignement leurs places dans les lycées que dans les cours.

( NOTE 7e. )

» Il n'y brilla pas autant, dit-on, que dans le » théâtre de *Moliere*. » Preuve de ſon talent. *Baron* brillait-il autant dans les tragédies de *Scudery*, que dans celles de *Corneille* ?

( NOTE 8e. )

Les *P*....., les *A*....., les *D*....., les *V*....., &c.,

doublaient ces grands acteurs ; & les *Aufresne*, les *Dufresny*, les *Belmont*, les *ROMAINVILLE*, &c., végétaient en province, ou dans l'étranger !

## ( NOTE 9e. )

On reconnaît volontiers, avec le public éclairé & impartial, les exceptions que présentent le théâtre de Paris & ceux de la province : il est superflu de l'observer ici. On s'empresserait même de rendre publiquement hommage aux talens distingués qui méritent ces exceptions, si l'on ne craignait, en les nommant, de blesser l'amour-propre ou les prétentions de ceux qui ne les méritent pas. Les premiers, d'ailleurs, sont universellement connus, & appréciés dès long-temps. On se bornera donc à rendre cette justice à un talent précieux qui s'élève sur notre théâtre, & qui y brille déjà du plus grand éclat, le sieur *Marselly*. Ce jeune acteur marche à grands pas sur les traces des grands modèles, & nous console enfin de ceux que nous avons perdus.

## ( NOTE 10e. )

Ce tableau a été gravé par le sieur *Emanuel*, jeune acteur de la plus grande espérance. Il n'a écouté que son zèle pour la mémoire de ROMAINVILLE, ayant laissé reposer long-temps son burin, pour se livrer tout entier à l'exercice de son nouvel état. Il ne faut donc pas chercher dans l'estampe le mérite du tableau.

La tête même du perſonnage, à laquelle le graveur dit s'être principalement appliqué, eſt lourde, coloſſale, inanimée, ſans reſſemblance & ſans expreſſion.

## FIN DES NOTES.

---

## *Omiſſion importante.*

*Dans la note* 5e, *entre les articles qui concernent* PITROT & BECK, *c'eſt-à-dire, après ces mots:* dans les Cours Etrangères, *on a omis d'ajouter cette phraſe entière :*

« N'y a-t-on pas vu le Créateur & le Maître de ſon Art,
» le Corneille de la danſe, *Noverre* ſacrifié à la baſſe
» jalouſie de ſes rivaux ſubalternes, & ſes admirables
» compoſitions dédaignées d'un Public, idolâtre de bam-
» bochades & de pantins »?

---

## *ERRATA.*

PAGE 9, *lig.* 17 & 18, *ſans alinéa.*

*Page* 16, *lig.* 11, puiſſans raiſonnemens! *liſ.* puiſſans raiſonneurs!

*Page* 24, *lig.* 15, à la gloire, *liſ.* à la mémoire de Romainville.

*Ibid.* *lig.* 19 & 20, *ſans alinéa.*

*Page* 34, *note* 9, Marſelly, *liſ.* Martelly.

www.ingramcontent.com/pod-product-compliance
Ingram Content Group UK Ltd.
Pitfield, Milton Keynes, MK11 3LW, UK
UKHW020506230726
13925UKWH00005B/2105